ग्रीक माइथोलॉजी

मिथकों की संकल्पना देवताओं का इतिहास

अभिषेक आर्य

क्रम-सूची

1

एथिना की उत्पत्ति

एथिना यूनान की महान देवी। एथिना को प्राचीन यूनान में बुद्धि और युद्ध की देवी के रूप में पूजा जाता रहा। प्राचीन यूनान के लोग बहु देवताओं में विश्वास रखते थे। वे अपने देवताओं से बहुत डरते थे। और उनके जीवन पर किसी भी तरह के परिवर्तन को देवताओं की मर्जी मानते थे।

वह ओलम्पियन देवताओं (देवताओं की अगली पीढ़ी) की पूजा और आराधना करते थें। उनका मानना था। कि उससे ही देवताओं को शक्ति मिलती है।

प्राचीन यूनानी लोग अपने देवताओं को मिथक नही बल्कि वास्तविक देवता मानते थे। और उनका निवास स्थान माउंट ओलम्पस था जो कि यूनान में आज भी मौजूद है।

यूनान की पौराणिक गाथाओं में मांउट ओलम्पस का वर्णन कई बार किया गया है।

यूनान की पौराणिक कथाओं में उसे सर्वशक्तिशाली सामर्थशाली देवताओं के राजा ज्यूस का घर कहा गया है जो स्वर्ग मे निवास करते है। ज्यूस को शुरूआती ओलम्पियन देवता माना जाता रहा है। ज्यूस को अक्सर एक बाज के रूप में भी दर्शाया जाता है। मान्यता थी की बाज का किसी युद्ध में होना ज्यूस के मौजूद होने का सकेंत था। ज्यूस ही वो देवता थे जिन्होंने "टाइटन्स " (देवताओं पहली पीढ़ी) के खिलाफ युद्ध

करके उनकों परास्त किया । अपने शक्तिशाली सस्त्र वज्र (ठंडरबोल्ट) से टाइटन्स का संहार किया और उन्हें युद्ध में परास्त किया। ज्यूस ने अपने पिता क्रोनस को अनन्तं काल तक टाटरस नाम की जेल में कैद कर के रखा। ज्यूस को डर था कि क्रोनस अपनी शक्ति को प्राप्त कर पुन: ओलिम्पियन देवताओं और ज्यूस तथा उनके भाइयों पर हमला न कर दे |

ज्यूस ने टाइटान क्रोनस को इसी लिए कैद करके रखा क्योंकि टाइटान्स को अमर माना जाता था |

"टाइटन्स अमर देवताओं की श्रेणी में थे।"

देवताओं के राजा ने टाइटान्स को परास्त कर एक नए युग की शुरूआत की और ओलम्पियन देवताओं का युग आरम्भ हुआ।

ज्यूस ने कई शदियां कि जिससे उनके अनेक पुत्र हुए । ज्यूस ने अपनी बहन हेरा जो कि ओलम्पियन थी उससे शादी की जिससे उनके कई पुत्र उत्पन्न हुए जिसमें एरिस (युद्ध का देवता) ,हेपेस्थिस ,एहेबे , ऐलेथाइया , जैसे देवताओं का जन्म हुआ।

ज्यूस की दूसरी पत्नी माया जिससे हरमिस (मारक्यूरी) (संदेश का देवता) का जन्म हुआ ।

ज्यूस की तीसरी पत्नी लीटो से अपोलो (प्रकाश का देवता) और आरथिमिस (शिकार या शिकारीयों) की देवी का जन्म हुआ।

ज्यूस की चौथी पत्नी डेमेटर से परसेफोन का जन्म हुआ।

ज्यूस की पाचवीं पत्नी डीओन से एफरोडायटी (प्रेम की देवी) का जन्म हुआ।

ज्यूस छठी पत्नी मेटिस से एथिना (बुद्धि और ज्ञान) की देवी का जन्म

हुआ

ज्यूस के मनुष्यों के साथ भी कई पुत्र उत्पन्न हुए जो कि आधे देवता और आधे मनुष्य थे । गाथाओं में उन्हे उपदेवता भी कहा गया है, क्योंकि वो देवताओं के ही अशं थें। गाथाओं में उन्हें देवताओं और मनुष्यों के मिलन के रूप में देखा जा सकता है। जिनमें पारसियस जैसे उपदेवता शामिल है। जिन्हें गारगन्स को मारने वाला और मेड्युसा का मारने वाला भी कहा जाता रहा है।

यूनान पौराणिक कथाओं में एथिना के जन्म के सदर्भ में दो कथाएं प्रचलित है। कथाओं के अनुसार ज्यूस जो कि देवताओं के राजा है। एक दिन मेटिस को जो टाइटान ओसोनस तथा तेथीयस की बेटी है (जिन्हें देवताओं और मनुष्यों में सबसे अधिक बुद्धिमान माना जाता है।) उसकी सुदरतां से आकर्षित होकर वो अपनी पत्नी को हेरा को भूलकर उनसे प्रेम में पड़ जाते है। और उनसे शादी करते है। जिसके बाद मेटिस गर्भवाती होती है |

लेकिन देवाताओं के राजा इस बात से अन्जान होते है । की क्रोनस के पिता यूरेनस जो की आसमान के देवता है तथा गाया जो की पृथ्वी की प्रतीकात्मक देवी है उन्होंने ज्यूस के विषय में एक भविष्यवाणी की थी। कि मेटिस और ज्यूस की सन्तानें उससे कई अधिक शक्शिाली और बुद्धिमान होंगी और ज्यूस को उसके सिहांसन से हटा देगी। इस भाविष्यवाणी से देवताओं के राजा के अन्दर भय और चिंता पैदा हो गयी थी | कि उनकी और मेटिस की सन्तान उनसे कई अधिक शक्शिाली होंगी ।

भयभीत ज्यूस यूरेनस के पास जाकर उनसे सलाह मागतें है। यूरेनस और गाया उन्हें सलाह देते है। कि अगर मेटिस को ज्यूस निगल ले , जिससे कि भविष्यवाणी पूरी ही न हो सके (क्योंकि देवता भी "फेट्स" जो नियती का निर्धारण करती है)। वे भी उससे बधित थे।

देवताओं के राजा यूरेनस की बात मानकर मेटिस को जीवित ही निगल लेते है; लेकिन मेटिस पहले ही गर्भवाती हो चुकी होती है । ज्यूस इस बात से बिलकुल अन्जान होते है । कि जिसको टालना चाहते थ ,वो अभी तक

टली नही थी ।

"मेटिस एथिना को ज्यूस के अन्दर ही जन्म देती है वहीं पर वो बड़ी होती है एथिना ने वहीं पर अपने लिए कवच और हेलमेट हथियार बनाये और वह ज्यूस के अंदर ही पढ़ी बढ़ी ।"

कई युगों बाद.......

एक दिन देवताओं की सभा मे स्वर्ग में उपस्थित ज्यूस के सिर के अदंर अचानक दर्द शुरू हो जाता है। दर्द से पीड़ित ज्यूस की पीड़ा ब्रहांड में हर जगह सुनाई देती है। दर्द में करहते हुए ज्यूस की आवाज को सुनकर देवता विचलित हो जाते है। कि अखिरकार देवताओं के राजा ज्यूस को क्या हो गया है। उनकी इस पीड़ा को देखकर उनके पुत्र हरमिस और हेपेस्थिस विचार करते है। कि पिता को कैसे इससे छुटकारा दिलाया जाए। हरमिस एक सुझाव देते है। कि यदि हेपस्थिस अपनी कुलहाड़ी से ज्यूस के सिर पर वार करे, तो जिसकी वजह से इन्हे पीड़ा हो रही है, उसका निवारण हो सकता है । हरमिस की बात सुनकर हेपस्थिस अपनी कुल्हाड़ी से ज्यूस के सिर पर प्रहार करते है। ताकि उन्हें इस पीड़ा से छुटकारा दिलाया जा सके। हेपस्थिस कुलहाड़ी से प्रहार करते है। और प्रहार करते ही ज्यूस का सिर फट जाता है। और उसमें से एथिना बाहर (उत्पन्न) निकालती हैं। एथिना को देखकर देवता अचंभित रह जाते है। एथिना एक नवयुवती सी लग रही होती है। जैसे युद्ध के लिए एकदम तैयार। एथिना को देखते ही ज्यूस पीड़ा मुक्त हो जाते है।

लेकिन उन्हे भविष्यवाणी का डर भी सातातें रहता है।

"एथिना के जन्म के वक्त कहा जाता है। कि हीलियोस जो टाइटिन सूर्य देवता है उस समय उनका रथ भी रूक जाता है।"

> *"ज्यूस अभी भी भविष्यवाणी को लेकर विचलित हैं कि मेटिस की पुत्री उन्हें स्वर्ग के सिंहासन से बहिष्कृत न कर दे।"*

2

एथिना युद्ध और बुद्धि की देवी

ओलम्पियन देवताओं के एक नये युग की शुरूआत ,जिसमें देवता और उनकें पुत्र दोनों का मनुष्यों पर शासन का दौर शुरू होता है।

देवता जो कि बड़े ताकतवार और निडर है। और अक्सर मनुष्यों के जीवन में हस्ताक्षेप किया करते है। यद्यपि मनुष्य उन्हे भेटं चढाएं और उनकी आराधना करें। ज्यादातार देवता स्वार्थी है। वे मनुष्यों पर इतना ध्यान नहीं देते। क्योंकि उन्होने मनुष्यों को उनकी आराधना के लिए बनाया था। देवता और मनुष्य अपने हितों की पूर्ती के लिए एक दुसरे को अदान प्रदान की प्रक्रिया से जानतें है। ज्यूस अक्सर मनुष्यों से मतभेद रखते है। लेकिन उन्हे प्रेम भी करते है। ज्यूस की आराधना राजाओं व अन्य लोगों की एक आम शैली बन गई थी। जिसमें अन्य देवी-देवता भी सम्मिलित थे।

एथिना को मुख्यतः मेटिस की तरह ही बुद्धिशाली माना जाता है। एथिना को एक कुवारीं के रूप में पूजा जाता रहा। एथिना की पूजा कुवारी स्त्रियां करती थी तथा यूनानी दार्शनिक ,सलाहकार , व राजा भी एथिना को पूजतें थें । एथिना को बुद्धि की देवी के रूप पीढीओं तक पूजा जाता रहा । एथिना को कभी-कभी युद्ध के साथ भी जोड़ के देखा जा सकता है। हालाकिं यूनानी लोगों के एक अलग देवता है जो कि युद्ध के देवता

कहलाते है।" एरिस " जो ज्यूस और हेरा के पुत्र थे ।

लेकिन एथिना को भी युद्ध और बुद्धि दोनों के साथ जोड़कर देखा जाता रहा । एथिना जिसको रोम की कहानियां में " मीनरवा " कहा जाता है।

रोम की कहानियों में मीनरवा एथिना की समकक्ष है। कई बार इन दोनों देवीओं को एक रूप में माना जाता है। दोनों ही को एक सामातरं की तरह देखा जाता है। रोम के लोंगों में भी मीनरवा के प्रति वहीं व्यवहार और आस्था थी जैसी यूनानी लोगो में थी । यूनानी लोगो में एथिना के प्रति बहुत ही आस्था थी।

एथिना के सम्मान में यूनान के लोगो नें एक शहर बसाया था और उसका नाम भी एथिना के नाम पर "एथेंस" रखा (एथिना के लोग) ।

गाथाओं के अनुसार एथेंस अपने शुरूआती दिनों में एक राजा के अधीन था। जिसका नाम सेक्रोप्स था। उसे आधे मनुष्य और आधे सापँ के रूप में दर्शाया जाता है। सेक्रोप्स ने अपने शहर का नाम अपने नाम पर रखा हुआ था और उसे देवताओं का संरक्षण भी प्राप्त नहीं था । देवता उस राज्य से बहुत ही आकर्षित थें और उसे अपने अधीन रखना चाहते थे , और उसका नाम और सम्मान अपने नाम पर चाहते थे । ज्यूस के भाई पोसाइडिन और एथिना दोनों ही इसकी इच्छा रखते थे । और इसे अपना करना चाहते थे ।

ज्यूस को डर था कि कही इन दोनों के आपसी मतभेद में कही यह आपस में ही युद्ध न कर बैठे । इसके निवारण के लिए वो एक सुझाव देते है। जिसमें दोनों के बीच एक प्रतिस्पर्धा आयोजित की जाती है। और सेक्रोप्स और उनकी प्रजा को न्यायाधीश घोषित किया जाता है।

ज्यूस कहते है " इन्हें फैसला करने दिया जाए और चुनने दिया जाए कि सेक्रोप्स के शहर का मुख्य देवता कौन होगा। तथा किस देवता के अधीन यह शहर होगा "

प्रतिस्पर्धा की शुरूआत होती है। पोसइडिन जो कि समुद्र के देवता है वह अपने हथियार ट्राइडन (त्रिशूल) से भूमि पर प्रहार करते है। और खारे पानी का एक झरना निकलतें है। जो कि शक्ति का प्रतीक था । पोसइडिन जो समुद्र को नियंत्रण करते है। उनके लिए यह कोई बड़ी बात

नहीं थी |

सेक्रोप्स की प्रजा यह देखकर दगं रह जाती है।

लेकिन वह प्रभावशाली तो होता है पर वह उपयोग मे लाया जाने वाला नही था। लेकिन अब बारी एथिना की होती है। एथिना एक जैतून का पेड़ लागती है। जो की शांति और समृद्धि का प्रतीक था , जो कि उपयोग में लाया जा सकता था। जिसके फल और लकड़ी तथा उसके तेल से सेक्रोप्स के लोगो को लाभ पहुचतां ।

सेक्रोप्स ने राजा ने एथिना को विजेता घोषित किया ।तथा तब से सेक्रोप्स के मंदिर में एथिना की आराधना होने लगी और शहर को एथिना को समर्पित किया गया उसका नाम एथेंस रखा गया। एथेंस के लोगों ने अपने पवित्र मंदिर में मुख्य देवी के रूप में एथिना को रखा । एथिना की इस विजय के बाद उन्हें बुद्धि का प्रतीक भी माना गया । लेकिन अभी भी हार के प्रतिशोध में पोसाइडिन क्रोधित थे । तथा अपनी हार का बदला लेने के लिए वो एथेंस पर समुद्र को उडेल देते है। जिससे कि एथेंस में बाढ़ की समस्या आ जाती है। और वे एथेंस के लोगों के लिए अनेक प्रकार की समस्याऐं उत्पन्न करते है। क्योंकि एथेंस के लोगो का मूख्यतः कार्य मछली और समुद्र पर ही निर्भर था । इसके निवारण के लिए एथेंस के लोग " ओरेकल आफॅ डेलफी " से मदद मांगते है। (ओरेकल आफॅ डेलफी एक पदवी थी जो कि एक महिला दी जाती थी , ओरेकल आफॅ डेलफी मनुष्यों और देवताओं के बीच सवांद का कार्य करती थी। देवताओं के संदेश और भविष्यवणियां मनुष्यों तक पहुचंती थी।) एथेंस के लोग उनसे समस्या का सुझाव मागतें है । वह सुझाव देती है , कि एथिना और पोसाइडिन के बीच शांति स्थापित करने के लिए
,

पोसइडिन के लिए एक देवालय का निर्माण काराया जाए । जिससे की पोसइडिन का क्रोध शांत हो सके। और जिससे दोनों देवताओं के बीच शांति स्थापित हो सके। तथा एथेंस के लोग भी शातिं से रह सके। उनकी बात सुनकर एथेंस के लोग " केप सुनियन " नामक जगह पर जो कि एथेंस मे स्थित है, वहाँ पोसइडिन को समर्पित एक भव्य देवालय का निर्माण करते है। जिसके कारण दोनों ही देवताओं के बीच शातिं स्थापित

होती है , और एथेंस के लोग भी शांति से रह सकते थे। और पोसइडिन ने भी उन्हें माफ कर दिया था । और एथेंस का नाम एथिना के नाम पर रखे जाना उन्हे स्वीकार था ।

तथा भविष्य में उन्हें किसी भी प्रकार की समस्या से नही उलझना पड़ा।

3

एरिस और एथिना

ओलम्पियन देवताओं की श्रेणी में 12 ओलम्पियन देवता है। जिसमें से एरिस और एथिना दोनों ही ओलम्पियन देवताओं की पीढ़ी में से थे। एथिना जहां युद्ध और बुद्धि की देवी थी। वहीं दूसरी ओर एरिस उसके समकक्ष युद्ध का देवता। ज्यूस के पुत्रों में से एक एरिस जो की ज्यूस और हेरा का पुत्र थे।

एरिस को अक्सर बहुत आक्रामक रूप में दर्शाया जाता रहा। एरिस की आराधना अक्सर युद्ध में विजय की प्रप्ति के लिए राजा व सेना करते थे। यूनान की कहानियों में एरिस को एक आक्रामक देवता और युद्ध में विजय दिलाने वाला माना जाता रहा। एरिस और एथिना दोनों ही युद्ध से जुड़े हुए देवी-देवता थे एरिस जो पुरूष तत्व को दर्शाते है वही एथिना स्त्री को ,लेकिन दोनों को ही युद्ध के साथ जोड़कर देखा जाता रहा।

कहानिया मे अक्सर एरिस और एथिना के बीच द्धन्द देखना को मिलता है।

एरिस और एथिना दोनों ही ज्यूस की सन्तानें थी। एरिस को ज्यूस बहुत नापसदं करते थी। उसके क्रूर व्यवहार के कारण
एरिस को एक क्रूर हिसकं देवता कहना भी ठीक होगा। एरिस जहां ज्यूस का नापंसद था। वहीं एथिना ज्यूस की पसंद थी।
एथिना को ज्यूस सर्वश्रेष्ठ मानतें थे जो कि एरिस के मन में ईष्र्या को

जन्म देती है।

एथिना अपनी बुद्धि और समझ को दर्शाती है । और युद्ध में सेनाओं के पुरूषों को संरक्षण प्रदान करनी वाली मानी जाती है। वहीं दूसरी ओर एरिस शक्ति और विध्वसं का नाम भर प्रतीक है। एरिस को भय की आत्मा भी माना जाता है । यूनानी एरिस को बलियां और मनुष्यों की बलि भी चढ़ाते थे। एरिस को यूनान के लोग अधिक प्रिय नहीं मानते थें। यूनानी गथाओं में अक्सर ज्यूस और एरिस के बीच मतभेद की स्थिति उत्पन्न रहती है।

यूनानी लोगों की आस्था में एथिना में बनी रहती है।

एथिना और एरिस दोनों में प्रतिस्पर्धा चलती रहती है।

जहां एरिस एक विनाशक देवता था , वहीं एथिना शांति की प्रतीक । इसलिए एथिना ज्यूस की पहली पसंद थी । इससे एरिस ईर्ष्या में होते है।

ज्यूस की पहली पसंद होने का एक कारण है कि एरिस को लगता है। कि ज्यूस न उन्हें पैदा नहीं किया , लेकिन एथिना तो ज्यूस से उत्पन्न हुई है इसलिए ज्यूस एथिना को सर्वश्रेष्ठ मानते है। एरिस को नही ।

गथाओं में एथिना को ही युद्ध के देवता को परजित करते बताया गया है। क्योंकि देवताओं में कोई भी एरिस की भयावह शक्तियों से नहीं लड़ सकता था।

लेकिन युद्ध के देवता की विध्वसं व अराजकता कभी कम न हो सकी. ।

एथिना को एरिस से भिन्न कहना भी ठीक होगा । क्योंकि एथिना जहाँ मात्र युद्ध तथा बुद्धि की देवी नहीं बल्कि । उनकी योजना बद्ध तरीकों से वह प्रत्येक युद्ध में विजय होती है। वहीं एरिस युद्ध के देवता होने के बाद भी एक नापसंद देवता ही बने रहें

"एरिस और एथिना दोनों में ज्यूस के अंश थें"

।

4

एरिस युद्ध का देवता

एरिस को एक भयावह देवता माना जाता है जिसे विनाश और विध्वसं का प्रतीक कहा जाता रहा । एरिस ऐसा देवता था जिसे देवता नापसदं करते थे। तथा उससे भय मानतें थें। वे किसी प्रकार से उससे उलझना नही चाहते थे।

एरिस के जन्म की कहानी कुछ इस प्रकार है। कि ज्यूस अपनी पुत्री एथिना को बहुत ही प्रेम करते है। तथा उसे ही सर्वोच्च का दर्जा देते है। यह देखते हुए ज्यूस की पत्नी हेरा जो कि ओलम्पियनो की माता होती है। सभी ओलम्पियन देवताओं में से वो ईष्र्या सें भर जाती है। और ज्यूस को पराजित करने के उपाय खोजने लगती है। वे यह चाहती होती है की कोई ऐसा हो जो ज्यूस से अधिक बलशाली हो जिससे ज्यूस भी भयभीत रहे। और उनका सिहांसन भी उनसे वो छीन ले। वो एथिना से इसलिए भी ईष्र्या रखती है। कि ज्यूस उसे अन्य पुत्रों से ज्यादा प्रेम करते है। हेरा अपने पुत्र से भी यही उम्मीदें रखती है।

लेकिन जल्द ही सब बदलने वाला था । हेरा एक बेटे का जन्म देती है। जिसका नाम एरिस रखा जाता है। जो कि बहुत ही सुंदर था । ज्यूस भी प्रसन्न होते है, लेकिन जल्द ही उन्हे पता चल जाता है उनके आक्रमक स्वाभव के बारे में एरिस जैसे-जैसे बड़े होते है। उनकी शक्ति

भी बढ़ती जाती है। ज्यूस इस बात से चिंता में होते हुए । कि हर एक दिन उसकी शक्तियां बढ़ती जा रही है। और उनमें आक्रमकता और हिंसक व्यवहार अपनी पाकड़ ले रहा था ।

ज्यूस को बचपन से ही एरिस की हिंसक व्यवहार के बारे में चिन्ह दिखने लगते है।

आमतौर पर एरिस को एक नवजवान पुरुष के रूप में दर्शाया जाता है। उसे एक कवच और हेलमेट पहने हुए और भाले व ढाल के साथ दर्शाया जाता है। उसके हिंसक रूप की वजह से देवता उससे भय मानते थे इसी कारण कई देवता एरिस को नापसंद करते थे । तथा उनसे दूरी बनाये रखते थे। खुद ज्यूस एरिस के व्यवहार से नाखुश थे। और उन्हे ही जिम्मेदार मानते है। ज्यूस को एरिस से यह डर भी था। कि कहीं वह उन्हें सिंहांसन से न हटा दें। कई बार ज्यूस और एरिस के बीच मतभेद होता है। ज्यूस कहते है कि वह शर्मिंदां है। ऐसे ओलम्पियन देवता पर जो कि दूसरों से घृणा करता है। और जिसे सिर्फ विध्वसं और युद्ध पसंद है । ज्यूस एरिस से इतनी ईर्ष्या रखते है। कि वे यहां तक कह देते है। कि अगर एरिस हेरा का पुत्र नही होता तो उसे माउंट ओलम्पिस से निष्कासित कर दिया जाता। ज्यूस की इस ईर्ष्या के कारण ही युद्ध के देवता को अपने पिता से घृणा होने लगी थी । ज्यूस की सबसे प्रिय एथिना को देखकर एरिस ईर्ष्या से भरा हुआ था। उसके सम्बन्ध न किसी देवता से अच्छे थे , न ही अपने पिता से । जब कभी भी मनुष्यों के युद्ध होते थे । एरिस किसी एक पक्ष से कभी भी सहायता नही था।

एरिस किसी एक पक्ष में नहीं होता । बल्कि जो हिंसक प्रवृति और खून के प्यासे जीव थे , जो कि हर जगह आराजकता चाहते थे। वह उन तत्वों के साथ खड़े होते थे। यू तो एरिस को एक आराजक व अधिनायक कहा जा सकता है । जिसके लिए मनुष्य कुछ भी नही थे। लेकिन एरिस को मनुष्यों की सहायता करते भी देखा गया है। जो उसकी आराधना व सम्मान करते थें । व उनके लिए बलि दिया करते थें एरिस उन पर अपनी दृष्टि बनाये रखते थे। यू तो देवताओ को उस समय पशुओं की बलि से प्रसन्न किया जाता था। लेकिन एरिस की आराधना में कई लोग युद्ध में विजय की प्रन्प्ति के लिए मनुष्यों की बलि भी एरिस को समर्पित करते

थे। एरिस को रक्त भी दिया जाता था। तथा उन्हें प्राचीन दुनिया में इसके साथ ही जोड़ कर देखा जाता रहा। ज्यादातार प्राचीन यूनानी दुनिया में एरिस की आराधना प्रतिबंधित थी। क्योंकि वे इसे किसी प्रकार से सही नहीं समझते थे।

यूनान की कहानियां में एरिस को एक देवी के साथ भी जोड़कर देखा जाता है। " हेरिस " जो कि कलह व फुट की देवी है। उन्हे मनुष्यों के बीच असहमति व किसी भी प्रकार के कलह का जिम्मेदार माना जाता है। हेरिस देवी को उसके बच्चों के साथ दर्शाया जाता है।

लीमोस (अभिलाषओं को देवता)

एलजीआ (पीड़ा की देवी)

पानोस (श्रम का देवता)

लीफ (विस्मृति की देवी)

प्राचीन दुनियां मे " लीफ " के लिए माना जाता रहा। कि वे मनुष्यों की स्मृतियों के साथ छेड़छाड़ करती है। और उन्हें देवताओं के अस्तित्व को नकारने वाला और मनुष्यों को देवताओं से दूर करने वाला भी माना जाता था , तथा उन्हे न मानने के लिए वह अनेके प्रकार के प्रयत्न करती है। वह मनुष्यों को देवताओं से दूर रखने तथा उन्हें देवता की ओर न जाने दिया जाए इसके लिए वह देवताओं के होने को ही भूला देती है। जिससे कि मनुष्य नस्तिक हो जाये।

प्राचीन दुनिया में किसी का नस्तिक होने का कारण तथा अपने भाग्य से दूर जाने का कारण और अपने कर्तव्यों का सही से पालन ना करने की वजह इसी देवी को माना जाता रहा।

एरिस को कैरिस के साथ भी जोड़कर माना जाता रहा। जो की उसके साथ ही युद्ध में होते है। वे एक प्रकार के पिशाच होते है। जो कि मौत के देवता कहलाते है। इनका स्वाभाव अत्यधिक हिसंक होता है।

कहानियां के अनुसार उन्हें अत्यधिक भयावह माना जाता है। उन्हें युद्ध में मरे हुए लोगो का रक्त पीने वाला व उन्हें मृत्यु के बाद टाटरस (अधोलोक) में ले जाने वाला कहा गया है। तथा उन्हें अनेको यत्नाओं व सजाओं को देने वाला भी कहा जाता है। वह मनुष्यों की आत्मा को अनेको यत्नाओं से पीड़ित करते है। (वे मनुष्य जो कि मृत्यु के बाद

टाटरस जाने के योग्य होते है।)

एरिस को कैरिस के साथ भ्रमण करने वाला तथा उनके साथ रहने वाला भी कहा जाता है। एरिस के साथ कैरिस होते है। क्योंकि एरिस को भी विध्वसं का एक पर्याय कहा जाता रहा है।

जहां यूनान में एरिस को एक भयावह देवता माना जाता रहा । वहीं रोमन गथाओं मे एरिस के समकक्ष मार्स को बड़े ही सम्मान की दृष्टि से देखा जाता रहा , जहां एरिस को मात्र युद्ध के देवता और विध्वसं तक सीमित रखा गया । वही दूसरी ओर रोमन गथाओं में एरिस के समकक्ष को एक अलग ही सम्मान प्राप्त था उन्हें खेती व समृद्धि को प्रदान करने वाले देवता के रूप में पूजा जाता रहा ।

मार्स एक आराजक देवता नहीं बन कर रह गये थे बल्कि एक सम्मनित व समृद्धिशाली के प्रतीक देवता बने रहें।

एरिस की तरह मार्स को भी जूपिटर और जूनों का पुत्र बताया गया है। जो कि यूनानी गथाओं में ज्यूस और हेरा के समकक्ष है।

रोमन समाज में मार्स को एक महत्वपूर्ण देवता माना जाता रहा।

शुरूआती रोमन समाज में मार्स को कृषि और उर्वरता के साथ जोड़ कर बताया जाता रहा और उन्हें रक्षा प्रदान करने वाला कहा गया । लेकिन समय के साथ-साथ मार्स की पहचान भी बदलने लगी । रोमन सैन्य शक्तियों का उदय हुआ और जैसे वे बढ़ने लगी , सैन्य शक्तियों ने उन्हें अपना लिया और मार्स को एक युद्ध का देवता व राज्य की रक्षा करने वाले देवता के रूप में पूजा जाने लगा। मार्स की महत्वपूर्णता इससे भी पता चलती है। कि रोमन समाज मे मार्स के प्रति सम्मान आदर तथा आस्था थी। रोम का मार्स के प्रति लगाव इतना था कि उन के नाम पर एक त्योहार जिसका नाम " **फेरीय ए मारटी** " जो की मार्च के महीने मे होता था वह उसे मानाते थे।

यूनानी एरिस के विपरीत मार्स अपनी प्रभुता बनाये रखे थे। मार्स को रोमरास और रेमीस के पुत्र के रूप में माना जाता है।

रोमरास और रेमीस को रोम के पिता के रूप में माना जाता है। रोम को बनाने में उनका योगदान माना जाता है।

ठीक एरिस की तरह ही मार्स को वीनस के साथ जोड़कर बताया गया है।

जिन्हें यूनानी कहानियां में एफरोडयटी के नाम से जाना जाता है।

एफरोडयटी ही वो देवी थी जो कि एरिस के साथ प्रेम में थी । क्योंकि अन्य देवी-देवता एरिस को इतना पंसद नहीं करते थे
एफरोडयटी को एरिस के सबद्ध करके देखा जाता है।
यूनानी कहानियां में एफरोडयटी को यूरेनस की पुत्री माना जाता है। यूरेनस एक टाइटन देवता है वो देवता जो ओलम्पियनंस से पहले संसार पर राज किया करते थे ।

एफरोडयटी के जन्म के विषय कहा जाता है की एफरोडयटी यूनान के " साइपरस " नामक द्धीप के किनारे समुद्र के पानी से निकलती है। उसकी सुदरतां को देखकर सभी ओलम्पियन देवता उससे प्रेम मे पड़ जाते है। तथा उससे आकर्षित हो जाते है। ज्यूस को एफरोडयटी के जन्म से चितां होने लगती है। कि कहीं देवताओं के बीच आपस में युद्ध की स्थिति न बन जाये इसको नियंत्रण में करने के लिए वह एक युक्ति सोचते है। ज्यूस एफरोडयटी की शादी हेपेस्थ्स से करवा देते है। जो की शिल्पकार देवता है जिसके बाद देवताओं को कोई एतराज नहीं होता है। एफरोडयटी भी प्रसन्न होती है , लेकिन हेपेस्थ्स को एफरोडयटी से ज्यादा लगाव अपने कार्य के प्रति होता था। (वे अनेको प्रकार के अस्त्र-शस्त्र बनाने में निपुण थे।)
इसी कारण प्रेम की देवी को अब अकेलापन सताने लगा था। वह एरिस के संग प्रेम में पड़ जाती है। क्योंकि एरिस को अत्याधिक सुंदर माना जाता है। लेकिन हेपस्थिस को एक कुरूप व अधेड़ के रूप में जाना जाता है।
एक दिन एरिस एक युद्ध से होकर आते है। उनके शरीर पर रक्त की बूदें लगी होती है। तथी एफरोडयटी की दृष्टि उन पर पड़ती है। और वह उनसे आकर्षित होकर। एरिस को बहकाना शुरू कर देती है। वह एरिस पर लगें हुए खुन के दागों को साफ करती है। यह देखकर एरिस के मन में प्रेम की भावना उत्पन्न होती है। क्योंकि पहलें कभी भी किसी ओलम्पियन देवता ने उनसे इतनी विन्रमता से व्यवहार नहीं किया था। एरिस प्रेम की देवी के आगे खड़े नही रह पाते और दोनों ही दैवीय प्रेम पड़ जाते है।

इसके बाद जब हेपस्थिस अपने कार्य में व्यस्त होते है। एरिस प्रतिदिन एफरोडयटी से मिलने आते है। लेकिन एरिस को इस बात का भय भी होता है। कि कहीं हीलीयोस जो कि यूनान के सूर्य देवता है। उनकी दृष्टि उन पर न पड़ जाए इसके लिए वह इलेक्टान को बाहर पहरा देने के लिए आदेश देते है। इलेक्टान वाद-सवादं में अधिक कुटील थे इसलिए कोई भी देवता उनके साथ वादविवाद नही करता था। लेकिन कोई था । जो यह सब देख रहा था। हीपानोस एक देवता जिसे निद्रं आने का कारण माना जाता है। उनकी शक्ति थी कि वो मनुष्य और देवताओं को निद्रा की अवस्था में पहुंचां सकते थे। उन्हें नाइक्स जो रात्रि के प्रतीक देवता है। उनका पुत्र माना जाता है। हीपानोस को एरिस और एफरोडइटी के प्रेंम प्रंसग के बारे में पता होता है। लेकिन वे किसी से भी इसके बारे में बात नहीं करते थें। वे नहीं चाहते थें कि देवता उन्हें चुगली करने वाला समझें ।

लेकिन एक दिन हीलियोस वहां गुजर से रहें होते है। हीपानोसं अपनी शक्ति का उपयोग करके इलेक्टान को सुला देते है। जिससे की हीलियोस की दृष्टि उन पर पड़ जाती है। सूर्य को आते देख एरिस को ज्ञात हो जाता है। कि उन्हें हीलियोंस ने देख लिया है। कोधित एरिस बाहर को जाते है। और इलेक्टान पर कोध्रित होते है। कि वे एक कार्य को सही से नही कर सके एरिस कहते है। वे उन्हें श्राप देकर एक मुर्गा बना देते है। तथा उन्हें सजा देते है। " कि वह सूर्य के उगने से पहले हर बार बंग देगा और यही आदिकाल तक चलता रहेगा "। हीलियोस हेपस्थिस को जाकर सब बताते है। हेपस्थिस को यह सब जानकर विश्वास नहीं होता है। कि उनकी पत्नी उन्हें धोखा दे रही थी। इसकी पुष्टि के लिए वे एक जाल बनाते है।

एक ऐसा दैवीय जाल जिसे देवता भेद न सके।

एक दिन जब एरिस प्रतिदिन की तरह एफरोडयटी से प्रेम करने आते है। तभी हेपस्थिस अपने बनाये हुए जाल में उनको कैद कर लेते है। और सभी ओलम्पियन देवताओं को बुलाते है। " कि देखों एरिस यहां क्या कर रहें " यह सब देखकर देवता हेपस्थिय की हँसी उड़ातें है। और हरमिस एरिस पर चुटकी भी लेते वें कहतें है " कि लगता हैए एरिस को एक नया युद्ध मिला है।"

हेपस्थिय ईर्ष्या से भर जाते तथा वे लज्जित महसूस कर रहे होते है।
हेपस्थिस अपना सम्बन्ध एफरोडइटी से तोड़तें है।

"

एरिस और एफरोडइटी के मिलन से तीन बच्चों का जन्म
होता है।
फोबस
डेमोस
हरमोनी
जो डर और दहशत के प्रतीक थें।"

5

हीलियोस की उत्पत्ति

हीलियोस (सूर्य देवता) एक टाइटान देवता है, प्राचीन यूनान में हीलियोस का नाम आदर और सम्मान के साथ लिया जाता था।

एक ऐसे देवता जो कि अपनी प्रभुता यूनान में व अन्य धर्मों में रखते है। वे एक प्रतीक भर नही रह गये बल्कि एक जीवित देव जो कि अस्तित्व में है। वे माने जाते है। कई सभ्यताओं में सूर्य देव की भूमिका निभाने वाले कई देवता है। वैसे ही यूनान के हेलेनिसम (यूनान का धर्म) में सूर्य देव की भूमिका में हीलियोस होते है। हीलियोस एक प्रतीक देवता भर नहीं थें बल्कि यूनान के वास्तविक देवता के रूप में इन्हें जाना जाता रहा।

उन्हें हीलियोस 'द माइटी टाइटन' के नाम से भी जाना जाता है। हीलियोस टाइटन की पीढ़ी में से थे। वह ओलम्पियन देवता की श्रेणी में नही थें,

एक ऐसा देवता जिसकी प्रभुता यूनान क लोगों में भरी हुई थी।

यूनानी गथाओं में हीलियोस को हाइपेरियन (जो कि एक टाइटन देवता है) का पुत्र कहा गया है। हाइपेरियन ज्ञान व ज्योति के प्रतीक हैं उनकी माता थीआ जो कि टाइटन देवी है, जो कि रोशनी की देवी है। वह पृथ्वी की पुत्री भी कही जाती है।

हीलियोस को एक सुदंर पुरूष के रूप में दर्शाया जाता है। उन्हें एक उजवल पुरूष व कवच तथा एक सुनहरे हेलमेट पहने दर्शाया जाता है।

जिनके सिर के चारों ओर एक गोलकार वर्ग होता है। जिसमें सूर्य की किरणें प्रकाशित होती रहती है। हीलियोस अपने रथ पर ब्रहाडं के चारों ओर भ्रम्हण करते है। तथा सूर्य के प्रकाश के लिए उन्हें उतरदायी माना जाता है।

हीलियोस को यूनानी कहानियां में सेलने जो कि चद्रं की देवी है तथा इओस जो की रात्रि की देवी है। उनके साथ जोड़कर दर्शाया जाता है।

यूनानी मान्यताओं के अनुसार हीलियोस प्रतिदिन मुर्गे की बांग देने बाद अपने अग्नि रथ को तैयार करते है। जिसे चार शक्शिाली अश्व खीचतें है। वह अपने रथ की शुरुआत पूर्व से करते है। तथा अन्त पश्चिमी सागर पर करते है। पश्चिमी सागर पर वह विश्राम करते है वही अपने रथ और अश्व को वापस जाने का आदेश देते है। तथा रात्रि में वे वापस पूर्व की ओर लौटते है। वह एक सुनहरी नावं में गश्त लगातें है। जिससे हेपस्थिस ने उनके लिए बनाया होता है।

यूनानी मान्यताओं में हीलियोस एक महत्वपूर्ण देवता तो थे। तथा उनका वर्जस्व भी प्राचीन लोगों मे देखा जा सकता था। हीलियोस ऐसे देवता थे जो की प्रकृति की प्रतीक थें। उनके बिना जीवन की कल्पना भी नहीं की जा सकती थी। इस कारण कई सभ्यताओं मे उनके समकक्ष देवताओं के प्रति लोकप्रियता थी। लोग इनकी आराधना करते थे। तथा इनके उपलक्ष्य में कई त्यौहार भी मानातें थे।

हीलियोस की कई पुत्र और पुत्रियां थी। इनमें से सर्से की कहानियां यूनान की कहानियां व गथाओं में आती है। उन्हें सबसे शक्शिाली जीवों में से एक कहा गया। हीलियोस की पुत्री सर्से को एक जादुई छड़ी के साथ दर्शाया जाता है। जिनके बारे अनेकों दतं कथाएं प्राचीन यूनान मे प्रचलित थी। एक तरफ लोग सर्से को मानतें थे। लेकिन दूसरी ओर वह उनसे डरते भी थे।

यूनानी कहानियां में ओडीसियस की कहानी आती है जिसमें वह युद्ध में अपनी यात्रा कर रहे होते है। समुद्र मे अधिक दिनों तक यात्रा करने के बाद वे विश्राम के लिए एक स्थान खोज रहे होते है। तभी उनकी दृष्टि एईया द्वीप पर पड़ती है। उनके साथी द्वीप पर भोजन की खोज में जाते है। और वहीं उन्ही सर्से का महल दिखाई देता है। लूकस जो कि सेना का

नेतृत्व करने वाला था। वह महल की तरफ जाने का प्रयत्न करता है। और देखता है कि महल के बाहर कई जानवर पहरेदारी कर रहे थे। वह उनके पास जाता है। लेकिन वह उसे कुछ नुकसान नहीं पहुचाते क्योकि वे सर्से के पालतू जानवर थे। और सेना महल के अंदर जाती है , वंहा एक सुदंर स्त्री को देखती है। जिसके चारों ओर से प्रकाश निकल रहा होता है। क्योंकि वे सूर्य देवता हीलियोस की पुत्री थी। वे लोग उन पर आकर्षित हो जाते है। और सर्से उन्हें अपने साथ भोजन के लिए आमंत्रण देती है। वे सभी भोजन के आमत्रंण के लिए तैयार हो जाते । भोजन के समय सर्से अपना वास्तविक रूप दिखाती है। वह एक-एक करके अपनी छड़ी से उन्हें स्पर्श करना शुरू कर देती है। स्पर्श करने के बाद अचानक वे जानवरों के रूप के बदलने लगते है। सर्से यह देखकर प्रसन्न होती है, और वह उन्हें पालतू सूअरों के रूप में बदल देती है। और अपने बनायें सूअरखानों में उन्हें रखती है। और वहीं उन्हें बंधी बना कर रखती है।

लेकिन कोई था जो सर्से से बच गया था। वह लूकस होता है। ओडीसियस की सेना का सिपाही , सेना के अदंर के जाने समय वह महल में प्रवेश नहीं करता बल्कि बाहर ही रहकर उनकी प्रतीक्षा कर रहा होता है । उसे भय होता है कि महल के अंदर कही साइक्रोलप्स न हो (यूनानी दानव)। लेकिन वह यह सब देख रहा होता है। भय में तुरंत जाकर ओडीसियस को वह सब कुछ बताता है। ओडीसियस क्रोधित होते है। और अपने लोगों को बचाने के लिए वहां जाने की बात करते है। लेकिन लुकस उन्हें रोकतें है यह कहकर कि उनका भी अजांम वैसा ही होगा । लेकिन लुकस ये नहीं जानते थें कि ओडीसियस एक महान नायक था जिसे देवताओं का संरक्षण प्राप्त था। वह तुरंत वहा जाने के लिए निकल जाते है। मार्ग में जाते समय उनकी भेंट ज्यूस के पुत्र हरमिस से होती है। हरमिस उन्हें वहां जाने के लिए मना करते है। वे कहतें है। अगर ओडीसियस ऐसा करते है। तों उनका हाल भी उनके सथियों जैसे ही होगा। इसलिए वह उन्हें एक सुझाव देते है। वह उन्हे एक फुल देते है। जो कि उस जादू को तोड़ था, ओडीसियस फुल को लेकर सर्से के महल के अन्दर प्रवेश करते है। सर्से ओडीसियस को देखकर उन कर मोहित हो जाती है। तथा उन्हें भोजन के लिए निमत्रणं देती है। तथा अपने जादुई

कटारे मे उन्हें कई प्रकार चीजें पिलाती है। वह ओडीसियस पर जादू करती है। उसके बाद अपनी छड़ी से ओडीसियस को सूआरों में बदलनें का आदेश देती है। लेकिन देवताओं के संरक्षण के कारण ओडीसियस को कुछ नहीं होता बल्कि वे अपनी तलवार निकल कर सर्से को मारने जाते है । सर्से को ज्ञात हो जाता है। कि यह कोई साधारण पुरूष नहीं इसलिए सर्से अपने जीवन को बचाने के लिए ओडीसियस से क्षमा मागतीं है। और उनकें साथियां को भी पुनः मनुष्य के रूप के बदलती है।

वे ओडीसियस से उनके महल में रूकने के लिए कहती है। ताकि वे और उनकी दासियां उनकी सेवा कर सके।

ओडीसियस और उनके साथी एक वर्ष तक वहीं रहतें है। उसके बाद वह अपनी यात्रा पर पुनः लौट जाते है।

सर्से की कहानी होमर द्वारा लिखित "उडेसी" में सग्रंहित है। सर्से के रूप पर आज भी गाथाएं मौन है। कभी उन्हें एक नाश्वर जादूगरनी के रूप में बताया गया है। तो कभी उन्हें एक देवी के रूप में देखा जाता है। जो अजय अमर है।

6

हीलियोस और ज्यूस

प्राचीन यूनानी कहानियां में जहां ज्यूस एक सर्वशक्तिशाली देवता है। वहीं हीलियोस एक ऐसे देवता है। जो जीवन प्रदान करते है। हीलियोस के बिना यूनानी लोग जीवन के अस्तित्व की कल्पना भी नहीं कर सकते थे।

यूनानी लोगों में हीलियोस के प्रति जो आस्था थी वही आस्था देवतओं के राजा ज्यूस के लिए भी थी। हीलियोस को टाइटन देवता और ज्यूस को एक ओलम्पियन देवता माना जाता रहा है। लेकिन प्राचीनतम लोगों में हीलियोस के प्रति सम्मान और आस्था देखी जा सकती थी। उनको समर्पित कई देवालय भी बनवायें गयें। हीलियोस को एक सुदंर व उज्जिलत पुरूष के रूप मे दर्शाया जाता रहा । उन्हें सब कुछ देखने वाला और सुनने वाला भी कहा जाता रहा। ब्रहाडं में कोई भी उनकी दृष्टि से हीन नहीं हो सकता था। इसी कारण हीलायोस एक महत्वपूर्ण देवता थे। लेकिन यूनानी गथाओं में उनके वर्जस्व को कम कर दिया गया ।और मुख्य आकर्षण ओलम्पियन देवताओं पर ही बना के रखा क्योकि ओलम्पियन देवताओ से यूनानी ज्यादा अपने आप को जोड़कर देख रहे थे।

ज्यूस जो कि देवतओं में सबसे शक्तिशाली से थे , उन्हें ही ओलम्पियन देवताओं का नायक बना दिया गया । हीलियोस की महत्ता धीरे-धीरे कम होने लगी । इतिहास में भी हीलियोस को जो कि एक महान देवता थे

उनके सम्मान में कमी आने लगी । इसी कारण से उन्हें एक उपदेवता के रूप में देखा जाने लगा।

हीलियोस और ज्यूस के विषय में कई कहानिया प्रचलित है।

'' यूनानी गथाओं में हीलियोस के एक पुत्र का वर्णन आता है। जिनका नाम पैथियटन था "।

उनका वर्णन इस प्रकार है ,

एक दिन हीलियोस अपने रथ पर पृथ्वी का भ्रमण कर रहे थे। तभी उनकी दृष्टि पृथ्वी पर एक स्त्री (अप्सरा) जिसका नाम क्लेमनी था। उन पर पड़ती वे उन से प्रेम मे पड़ जाते है। और उनसे विवाह करने के लिए वह निमंत्रण भेजते है। वह निमंत्रण को स्वीकार करती है। उनका विवाह हो जाता है। जिसके फल स्वरूप उनके सात पुत्रियां तथा एक पुत्र होता है। जिसका नाम वह पैथियटन रखती है। लेकिन हीलियोस के व्यवहार और दूसरी स्त्रीयों के प्रति अकर्षित होने की वजह से क्लेमनी उनसे अलग हो जाती है। तथा अपने बच्चों समेत हीलियोस को छोड़कर उनके महल से चली जाती है, वह मेराप जो कि उस समय इथयोपिया राज्य का राजा था उससे विवाह कर लेती है। और वह उनके महल में ही रहती है, जब पैथियटन बालक होते है तो क्लेमिनी उन्हें अपने दैवीय पिता हीलियोस की कहानियां सुनाती है। पैथियटन अपने पिता की कहानियां सुनकर बड़े होते है। तथा वे अपने प्रति अपने आप को बहुत ही सम्मानित महसूस करते है। कि वे सूर्य देवता हीलियोस के पुत्र है। एक दिन पैथियटन की भेंट एपाफस से होती है। जो कि स्वंय ज्यूस के पुत्र थे। पैथियटन उन्हे अपने दैवीय पिता के बारे में बताते है। एपाफस पैथियटन के अहंकार को देखकर उन्हें बहकाते है। वे कहतें है कि उनके पास इसका कोई प्रमाण नही है कि वे सूर्य के पुत्र है बल्कि वह एक साधारण मनुष्य है। पैथियटन को यह बात सुनकर अपने आप पर संदेह होता है। उन्हें लगता है, कि उनकी माँ ने कही उनसे असत्य तो नहीं कहा और क्या होगा कि वे हीलियोस के पुत्र नहीं हुए ? पैथियटन वापस महल जाकर अपनी माता से पुनः पूछते है कि वह हीलियोस के पुत्र है ? क्लेमनी अभी भी यहीं उनसे कहती है। कि वे सूर्य के ही पुत्र है। लेकिन पैथियटन अभी भी दुविधा में थें , उनकी इस दुविधा को दूर करने के लिए क्लेमनी

उन्हें हीलियोस के पास जाकर उनसे पूछने के लिए कहती है। इस बात को सुनकर पैथियटन हीलियोस से मिलने के लिए उनके महल जाने के लिए निकल पड़ते है। पूर्व की ओर जाते हुए उन्हे सूर्य का महल दिखाई देता है। जब वे महल पर दृष्टि डालते तो उनकी आँखें बंद होने लगती है। क्योकि उससे इतना प्रकाश निकल रहा था। जब वे अंदर को जाते है , तब उनकी भेंट अपने पिता हीलियोस से होती है। हीलियोस को देखकर वह मंत्र मुक्त हो जाते है। हीलियोस उनका स्वागत करते है तथा अपने पुत्र के आने से वह बहुत ही प्रसन्न थें । वे पैथियटन को उनकी दुविधा से निकालते है। पैथियटन हीलियोस से पूछतें है कि क्या वे उनके पिता है? उत्तर में हीलियोस मुस्कुराते है और उनकी इस दुविधा को दूर करते है। और वे कहतें कि पैथटियन उनसे जो कुछ भी मांगना चाहे मागं सकते है लेकिन पैथटियन अभी भी दुविधा मे थे वे संसार को प्रमाणित करने चाहते थे कि वही हीलियोस के सच्चे पुत्र है। वह हीलियोस सें कहते है कि एक दिन के लिए उन्हें सूर्य का रथ चलाने की अनुमति दी जायी तकि वे संसार को बता सके कि वे ही सूर्य के पुत्र है। अपने पुत्र की यह बात सुनकर हीलियोस की प्रसन्नता खत्म हो जाती है । क्योकि सूर्य के रथ को चलाना कोई साधारण बात नही थीं , रथ को सूर्य देव हीलियोस के अतिरिक्त कोई चलाने योग्य नही था । क्योकि इससे संसार व ब्रहांड के चक्र में विद्यन उत्पन्न हो सकता था , खुद देवताओं के राजा ज्यूस भी हीलियोस के रथ को चलाने में असमर्थ थे। सूर्य देव अपने पुत्र से किसी अतिरिक्त इच्छा को मागनें के लिए कहते है। लेकिन पैथियटन अपनी हट पर थे । उनकी हट को देखते हुए हीलियोस उनकी इच्छा को स्वीकृति दे देते है। तथा उनकी यात्रा के लिए रथ को तैयार करते है । और पैथियटन अपनी यात्रा के लिए निकल पडतें है। लेकिन एक मनुष्य के भार से रथ हिलने लगा था। तथा उसकी लगाम भी उनसे छुटने लगती है। रथ को सभालने का समर्थ उनके पास नही था तथा रथ ब्रह्मांड की ऊचंइयों तक पहुचं जाता है। वह आकाश में तारामण्डल तक पहुचं जाते है। सूर्य के इतने दूर तक चले जाने से सूर्य पृथ्वी तक नहीं पहुच पाता इस कारण पृथ्वी पर अंधकार की स्थिति उत्पन्न हो जाती है। तथा पृथ्वी शीत के कारण बर्फ से जम जाती है। इस स्थिति को देखते हुए पैथियटन

भय से लगाम को छोड़ देते है। तथा रथ को वहीं रोक देते है, इस कारण रथ पृथ्वी की ओर गिरने लगता है। जिससे कि वह उन पर नियंत्रण नही रख पाते है। तथा पृथ्वी पर गिरने के कारण सभी नदियां सूख जाती है। तथा वन नष्ट हो जाते है,

रेगिस्तान से आते हुए वे माउंट ओलम्पस की ओर की जाने लगते है। देवता भी घबरा जाते है, तथा ज्यूस देखते है कि पैथियटन अब रथ को नियंत्रण करने में असमर्थ, तथा वो विचार करते है की इसी तरह होता रहा तो पृथ्वी का विनाश निश्चित है। इस स्थिति को बननें से रोकने हेतु वह अपना शक्तिशाली अस्त्र वज्र से पैथियटन की ओर प्रहार करते है। जिसके प्रहार से वह भूमि पर गिरते है।वे एरडेनस नामक नदी मे गिरते और उसी समय उनकी वहीं मृत्यु हो जाती है। तथा उनकी बहने एक साथ इकटठा होकर उनके लिए शोक मनाती है, ज्यूस पुनः पृथ्वी को पहले के जैसे बनाते है तथा पैथियटन की आत्मा के प्रकाश को आकाश मे सितारों समेत फैला देते है।

लेकिन हीलियोस अभी भी शोक में थैं अपने पुत्र की मृत्यु से पहुचें दुख के कारण वह अपने आप को आकाश के बादलों मे छुपा लेते है, कुछ दिनों के बाद ज्यूस के अग्राह पर वे पुनः अपने कर्तव्यों के प्रति सजक होते है। और प्रतिदिन की तरह प्रातःकाल पूर्व से पश्चिम तक की यात्रा प्रांरभ करते है।

"

''यूनानी गाथाएं हमें यही समझती है कि देवता हो या मनुष्य अपनी नियति और कर्तव्यों से वह मुख नही फेर सकता है। सभी को नियति के अधीन रह कर ही अपने कर्तव्यों का निर्वहण करना होगा। यूनानी गथाएं व्यक्ति कें जीवन के आस-पास रहती है। तथा सामाजिक जीवन पर अत्यधिक ध्यान केन्द्रित करती है।'"

7

हीलियोस सूर्यदेव की भूमिका में

प्राचीन यूनानी मान्यताओं में हीलियोस की भूमिका सूर्य के प्रतीक व सूर्य देवता रूप में मानी जाती रही है। हीलियोस मात्र एक काल्पनिक देवता नही बल्कि साक्षात सूर्य के प्रतीक देवता थे। और उन्हें गथाओं के किरदार भर नहीं बल्कि एक देवता जो कि वास्तविक रूप में मौजूद है और वह दिखाई भी देता है। उस रूप में पूजा जाता था, लेकिन समय के साथ सब बदलने वाला था। अपोलो जो कि ज्यूस और लीटो के पुत्र के रूप मे जानें जाते है। वह हीलियोस के वैभव की जगह ले लेते है। और प्राचीन यूनानीयों के बीच एक लोकप्रिय ओलम्पियन देवता के रूप में उभरते है। अपोलों जो कि प्रकाश और संगीत के देवता माने जाते है। वह हीलियोस की छवि लेने लगते है। ओलम्पियन होने के नाते उनकी लोकप्रियता यूनानीयो में बढ़ती चली गई , हीलियोस जो कि एक टाइटन देवता थे उनकी छवि धुंधली पड़नें लग गई इसी कारण यूनानी लोगो में उनके प्रति आस्था में गिरावट आयी।

ज्यूस के पुत्र ओपोलो का माना जाना ऐतफाक नहीं था । लेकिन एक संकेत भी था कि प्राचीन दुनिया बदल रही थी । और एक नये समय के चक्र मे प्रवेश कर रही थी ।

ओपोलो एक ओलम्पियन देवता थे जो की हीलियोस की जगह ले लेते है

।

वह यूनानी कहानियों में दिखाई देते है। तथा उनका वर्णन हीलियोस की तरह ही किया जाता है। जैसें प्रतीत होता है कि दोनों एक ही है।

लेकिन कभी-कभी कहानिया ऐसे बात करती है। जैसें दोनों ही भिन्न हो इसलिए कई बार दोनों में भिन्नता व समानता भी पायी जाती है ।

दोनों देवताओं के बारे में यही पता चलता है कि इनके नाम अलग हो पर ये एक प्रतीक के रूप में प्रस्थापित थे । ओपोलों एक महत्वपूर्ण देवता बन जाते है। यूनान में उनकी आराधना होने लगती है। तथा उनके देवतालय भी बनते है। उनके देवालय के मुख्य पूजारी महिलाओं को माना जाता है।

जो उनकी ओर से आए संदेश को मनुष्यों तक पहुचातीं है। तथा उनके लिए भाविष्यवणियां भी करती है। वह उस समय के सबसे महत्वपूर्ण महिलाओं मे आती थी । जिन्हें "ओरेकल आफॅ डेलफी" के नाम से जाना जाता है। कहा जाता रहा है कि ओपालो देवता जो रोशनी के प्रतीक व उजवलता प्रदान वाले कहे जाते रहे है। एक ऐसा देवता जो कि मनुष्यों के बीच सवांद करते है तथा उन्हें आगे आने वाली विपत्तियों के लिए सचेत करते है।

8

हीलियोस को समर्पित मिथक

हीलियोस की महत्ता प्राचीन दुनियां में कम होती जा रही थी। तथा वे एक उपदेवता के रूप में जानने जाने लगे थे। हीलियोस के विषय में बहुत ही कम जानकारी मौजूद है । क्योकि हीलियोस की आस्था और लोकप्रियता लोगो मे कम हो रही थी , इसलिए उनकी कहानियों में उनकी महत्वपूर्णता कम होने लगी और वे ओलम्पियन देवताओं के मुकाबले कम लोकप्रिय होने लगे। हीलियोस जो कि महामहीम देवता थे जिनके होने से ही जीवन का आधार था प्राचीनतम लोग उन्हे भुला रहे थे ,

हीलियोस के विषय में उन्हे देवताओं से प्रतिस्पर्धा करने वाला कहा गया जहां वे बहुत ही महत्वकक्षी है।

मिथकों में एक मिथक जो बोरिस देवता (जो उत्तरी हवाओं को नियंत्रण करते है) उनके और हीलियोस के बीच एक प्रतिस्पर्धा का आता है। मिथकों मे इन्हें एक बड़े ही हास्य पद के रूप में देखा जा सकता है।

ऐशाक के "फेबल्स"में मिथक आता है , कि एक दिन दोनों देवताओं के बीच प्रतिस्पर्धा होती है हीलियोस उत्तरी हवओं को प्रदान करने वाले देवता बोरिस को चुनौती देते है की सबसे शक्शिाली देवता दोनों मे कौन है?

बोरिस अपने आप को हीलियोस से अधिक शक्शिाली कहते है। इस

विषय पर हीलियोस एक प्रतिस्पर्धा करते है। एक यात्री भूमि पर अपनी यात्रा कर रहा होता है। हीलियोस की दृष्टि उन पर पड़ती है। वे बोरिस से कहते है यदि उन्हें लगता है कि वे सबसे शक्तिशाली देवता तो उस यात्री के कपड़े उतार कर दिखाये ऐसा कुछ करे कि वह यात्री अपने कपड़ों को उतरने पर विवश हो जाये यदि वे ऐसा करते है। तो वह विजय होंगे तथा वे सबसे शक्तिशाली देवता कहलायेंगे , बोरिस हीलियोस की शर्त मन लेते है। और यात्री पर अपनी शक्ति का उपयोग करते है। वह हवाओं पर प्रयोग करते है क्योंकि वह उत्तरी हवओं के देवता थे, जिससे मौसम में अचानक ठण्ड होने लगती है। तथा वह यात्री ठडं से कापनें लगता है। उसे यह समझ नहीं आता कि अचानक ठडं कैसी बढ़ गयी । वह अपने पास रखे हुए कपड़ों को पहनने लगता है। यह देखते ही हीलियोस हसतें है और बोरिस को अपनी हार मनने के लिए कहते है। बोरिस अपनी हार स्वीकार नही करते तथा हीलियोस को प्रयास करने के लिए कहते है , अब हीलियोस की बारी होती है। वह मौसम में इतनी गर्मी पैदा करने लगते है। तथा अपनी किरणों को इतना चमकाने लगते है। जिससे अत्यधिक गर्मी होने लगती है।

इतनी गर्मी को सहन न कर पाने के कारण यात्री तुरंत अपने कपड़ों को उतार देता है। तथा उनको अपने आप से अलग कर देता है। यहीं पर हीलियोस विजयी होते है। और बोरिस के सामने अपने आप को सबसे शक्तिशाली देवता के रूप में प्रतस्थापित करते है। बोरिस अपनी हार स्वीकार करते है। और हीलियोस को विजय मानते है।

हीलियोस के प्रति मिथक यूनानी कहानियां में पाये जा सकते है। एक मिथक में वे पोसइडन जो कि समुद्र में निवास करने वाले देवता है तथा देवताओं के राजा ज्यूस के भाई है वे उनसे प्रतिस्पर्धा करते है।

उनमें पोसइडन और हीलियोस एक प्राचीन यूनानी शहर इस्थामस ऑफ कोरिंथ किसके अधीन रहेगा ,इस पर उन दोनों के बीच द्वन्द होता है।

इस द्वन्द को रोकने के लिए बेरेलियस नामक दैत्य जिसे यूनानी गथाओं माना जाता है। कि उसके पचास सिर व एक सौ हाथ थे , गथाओं के अनुसार उसने ही युद्ध टाइटैनोमैची में जो दस सालों तक ओलम्पियनसं और टाइटनसं के बीच चला उसमें उन्होंनें टाइटन्स को

परजित करने में ओलम्पियन देवताओं का साथ दिया था।

उनके इस द्वन्द को रोकने के लिए वह सुझाव देते है। कि पोसइडिन को इस्थामस जो कि कोरिंथ मे उनके अधीन रहेगा , तथा कोरिंथ का दूसरा भाग जो कि एक्रोनिथ कहलाता है। वह हीलियोस के अधीन रहेगा ।

दोनों देवता इस पर सन्धि करते है तथा अपने द्वन्द को विराम देते है।

"

हीलियोस के अधीन वह राज्य रहा । हीलियोस की आस्था वही बनी रही ।"

9

कोलोसेस आर्फ रोड्स

जहां हीलियोस की लोकप्रियता कम हो रही थी तथा यूनान में उन्हें एक उपदेवता के रूप में ही देखा जाने लगा था। लेकिन प्राचीन राज्यों में एक यूनान का एक राज्य ऐसा भी था जहां हीलियोस एक मुख्य देवता के रूप में पूजे जाते थे। उनकी लोकप्रियता व आस्था में दिन-प्रतिदिन वृद्धि होती जा रही थी वह राज्य था रोहड द्धीप समूह जहां के मुख्य देवता हीलियोस को एक अलग ही सम्मान प्राप्त था। उनकी लोकप्रियता समूचें द्धीप समूह तक प्रकाशित थी ।

कोलोसेस आर्फ रोड्स उसका ही एक उदाहरण था। " कोलोसेस आर्फ रोड्स " रोहड द्वीप के मुख्य द्धार पर स्थित था जिससे कि यात्री जब प्रवेश करते थे । तब उनकी दृष्टि उस पर पड़ती थी , कोलोसेस आर्फ रोड्स सूर्य देवता हीलियोस की एक प्रतिमा थी जो कास्यं से बनी थी तथा लोहे से सृजति थी उसकी ऊचांई एक सौ पाचं फुट या बतीस मीटर थी यह प्रतिमा व स्मारक रोड्स द्वीप के प्रवेश द्वार के रूप में जाना जाता था। जिसके निर्माण में बारह वर्ष लगे थें जिसका अनुमान लगभग 294-282 ई0सा पूर्व बताया जाता है। जो कि एक भूकम्पं के बाद नष्ट हो गया था। नष्ट होने के बाद बाद प्रतिमा को वहीं रखा गया था ।

654ई0सवी तक वहीं उसको सुरक्षित कर के रखा गया। 653ई0सी में खलीफा मुआवीआ तथा अरब की सेना ने रोड्स पर हमला किया और प्रतिमा को तोड़ कर उसके कास्य को कबाड़ के लिए बेच दिया। माना

जाता है कि, उसके टुकड़ों की कुल सख्यां नौ सौ ऊटें से भारी थी ।
उस समय तक कोलोसेस आर्फ रोइ़स को प्राचीन दुनिया के सात अजूबों में से एक माना जाता था। वह प्रतिमा इतनी विशालकाय थी की उसे उस समय के उत्कृष्ट वास्तुशिल्प में गिना जाता था।

इसका वर्णन 2 शताब्दी ई॰पूर्व के लेखक व यात्री एंटीपेटर आर्फ सिडोन के नाम के व्यक्ति ने किया तथा उसके समकक्ष फिलानॅ जिन्हें (बाइजेंटियम का गणितज्ञ) बताया गया है, उन्होने भीं अपनी पुस्तक में किया। कोलोसेस ऑफ रोइ़स को मिस्त्र मे सबसे प्राचीन गीजा के पीरामीड से भी अधिक प्राचीन माना जाता है।

4वीं शताब्दी ई0सा पूर्व के अन्त में , रोइ़स के निवासियों ने मिस्त्र के राजा टॉलेमी के साथ गठबधनं कर अपने दुश्मन एटीगोनस मोनोफथालमस द्वारा किए गए सामूहिक आक्रमण को रोका था।

304ईसा0 पूर्व में, टॉलेमी द्वारा भेजे गए जहाजों का एक राहत बल आया तथा डेमेट्रियस (एंटीगोनस का पुत्र) उसकी सेना ने घेराबंदी छोड़ दी थी , उसने अपने अधिकांश घेराबदीं के उपकरण पीछे छोड़ दिए। जिससे रोडियन जीत गये थे अपनी जीत का जश्न मनाने के लिए रोडियन ने पीछे छोड़े गए उपकरणों को तीन सौ प्रतिभागों मे बेच दिया और अपने संरक्षक देवता हीलियोस की एक विशाल प्रतिमा बनाने के लिए उस पैसे का उपयोग करने का फैसला किया। निर्माण का काम रोइ़स के लिंडोस के मूल निवासी चेरेस के निर्देशन में छोड़ दिया गया जो पहले बड़े पैमाने पर मूर्तियों के निर्माण से जुड़े थे। उनके मूर्तिकार लिसिपोस ने टारेंटम में ज्यूस की बाईस मीटर या बहात्तर फुट ऊर्चीं कांस्य प्रतिमा का निर्माण किया था।

बारह वर्ष के उपरांत प्रतिमा बन कर तैयार हुई थी । यूनानी कविताओं में कोलोसेस को समर्पित कविता भी यूनानी कविता संकलन में संरक्षित है। जो कि यूनानी भाषा में है। जिसका अनुवाद कुछ इस प्रकार है।

"

"हे सूर्य, डोरियन रोइ़स के लोगों ने युद्ध की लहरों को शातं करने और शत्रुओं से लूटे गए माल व समान से अपने राज्य

को मुकुट पहनाने के बाद, ओलिंपस तक
पहुँचने वाली यह कास्य प्रतिमा आपके लिए स्थापित की
थी। न केवल समुद्र के पार बल्कि जमीन पर भी उन्होने
स्वतत्रतां की प्यारी मशाल जलाई। क्योंकि हेराक्लीज के
के वंशजों को समुद्र और जमीन पर प्रभुत्व प्राप्त है।''

कोलोसेस ऑफ रोड्स 54 साल तक खड़ा रहा लेकिन 226 ई0 पूर्व में आये हुए भूकपं ने रोड्स को नष्ट किया। तथा कई इमारते व बंदरगाह भी उनके साथ नष्ट हो गये । प्रतिमा घूटनो से टूटकर जमीन पर गिर गई। टॉलेमी तृतीय ने प्रतिमा के पुननिर्माण के लिए रोडियन की सहायता करने के लिए पेशकश की तथा हर प्रकार की साम्रगी उपलब्ध करायी , रोडियन ने उनसे समय मागां और ओरेकल आफॅ डेलफी (सिबिल) से सुझाव के लिए उनके पास गये लेकिन डेल्फी के ओरेकल ने रोडियन को डराया कि उन्होनें हीलियोस को नाराज कर दिया है , और उन्होनें इसे पुनः बनाने से मना कर दिया। तथा चेतावनी भी दी की यदि इसका पुनःनिर्माण हुआ तो यह नष्ट हो जायेगी।"

पौसानियास ने " डेस्क्रिप्टियो ग्रेसिया" में लगभग 174 मे लिखा है। कि कैसे कोलोसेस भूकंप से इतना नष्ट हो गया था कि इसके विनाश की भविष्यवाणी करने वाली सिबिल ओरेकल को सच माना जाता था। इस कारण से यदि प्रतिमा को पुनः निर्मित किया जाता तो प्रतिमा लबें समय तक नही रहती । चौथी शताब्दी तक रोड्स का ईसाइकरण हो चुका था , इसलिए प्राचीन मूर्ति का कोई और रखरखाव या पुनर्निर्माण नही हुआ। 1395 ई0वी में इटली के यात्री के लेखन में , (जिसने स्थानीय परंपरा को माना था।) उसने अनुमान लगया कि प्रतिमा का दाहिना पैर उस स्थान पर खड़ा था जहां पर वर्तमान में ''सेंट जॉन आफ द कोलोसेस'' का चर्च स्थित है , बाद के कई चित्रों में प्रतिमा को बंदरगाह के मुहाने के दोनों ओर एक पैर के साथ दिखाया गया है उसके नीचे से जहाज गुजर रहे थे।

इस अवधारणा के सदर्भ सहित्यिक कार्यों में भी पाए जा सकते है।

इसके विषय में लेम्पीयर ने अपने '' क्लासिकल डिक्सनरी '' में लिखा है कि " ये काल्पनिक छवियां गलत धारणा को बढ़ावा देती है, स्थिति के तंत्र यह पता चलता है कि कोलोसेस बंदरगाह बीच में नही हो सकता था , यदि पूर्ण प्रतिमा बंदरगाह के बीच में होती तो बंदरगाह का पूरा मुंह निर्माण की संपुर्णता के दौरान प्रभावी रूप से बंद हो जाता, और प्राचीन रोडियन के पास निर्माण समाप्त होने के बाद बंदरगाह को खोदने और फिर से खोलने का साधन नही होता। इसके अतिरिक्त , गिरी हुई मूर्ति ने बंदरगाह को अवरूद्ध कर दिया होगा, और चूंकि प्राचीन रोडियन के पास बंदरगाह से गिरी हुई मूर्ति को हटाने की क्षमता नहीं थी, इसलिए यह अगले 800 वर्षों तक भूमि पर दिखाई नही देती, जैसा कि इसके विषय में चर्चा की गई है। इन आपत्तियों की उपेक्षा करने पर भी, मूर्ति कांस्य से बनी थी, तथा वैज्ञानिक विश्लेषण में इसका संकेत मिलता है कि इसे अपने पैरों के साथ अपने वजन के नीचे ढहने के बिना नही बनाया जा सकता था।

10

हीलियोस रोमन मिथको में

हीलियोस की प्रतिष्ठा प्राचीन यूनानी लोगो के साथ-साथ रोमन समाज के लोगों में भी सूर्य देवता होने की कारण थी । रोम के लोग उन्हे कई नामों से पूजते थे । रोमन सभ्यता के लोग भी यूनानीयों की तरह मूर्तिपूजक थे उस समय के धर्म के अनुसार , रोमन देवता तथा यूनानी देवता एक दूसरे के पूरक थे। जिसमें ज्यूस को रोमन समाज में जूपिटर के रूप में जाना जाता रहा तथा उनके पिता क्रोनस को सेटरन , उनके भाई हेडस को प्लूटो, पोसाइडन को नेपच्यून , तथा हीलियोस को सोल, या सोल इनविक्टिस के नाम से जाना जाता रहा । एक और देवता जो इनके पर्याय बने हुए थे , मित्र देवता इस देवता को सूर्यदेव का पर्याय भी माना जाता रहा है। तथा इनके बलिदान के लिए एक बैल का उपयोग किया जाता था |

ज्यूस के पिता क्रोनस जो कि रोमन कथाओं में सेटरन है। उनके नाम पर सेटेनोलिया त्यौहार दिसम्बर माह के अन्त में मनाया जाता था जो कि सात दिनों तक चलता था। यह मूर्तिपजकों द्वारा मनाया जाने वाला त्यौहार था , जब ईसाई धर्म का उद्भव हुआ तो उन्होंने उनके त्यौहार को अपना लिया तथा रोमनस द्वारा बुलाई गयी सभा '' काउंसिल आफ नीसआ '' में इसी दिसम्बर के दिन को ईसा के जन्म के विषय में

सुनिश्चत किया जबकि वास्तविक तिथि किसी को ज्ञात ही नही थी | जंहा हीलियोस यूनान में एक उपदेवता बनकर रहे गये थे वहीं वह रोमन समाज में एक प्रमुख देवता सोल के रूप में जाने जाते थें । सोल एक महत्वपूर्ण देवता तथा रोमन साम्राज्य के मुख्य देवता बन गये थें। सोल की आस्था रोमन साम्रज्य में उन दिनों देखी जा सकती थी, रोमनस को सोल से अलग ही प्रेम था।

सोल को हीलियोस की तरह चित्रित किया जाता रहा। उन्हें एक सूर्य का मुकुट पहने तथा एक प्रकाशित रथ जिसे पखों वाले अश्व खीचतें है। उस पर बैठे हुए चित्रित किया जाता रहा। सोल को अपोलो (जो की यूनान के प्रकाश के देवता) के साथ भी जोड़कर देखा जा सकता है। रोमन मिथकों में मित्रास का वर्णन मिलता है। जो कि सोल के अस्त्िव में आने से पूर्व रोमन साम्राज्य में पूजे जाने वाले देवता थें।

"

गणतंत्र के अतं तक रोम में अपोलों और हीलियोस का यूनानी समावेश पहले से ही स्थापित हो चुका था ।"

11

सोल रोमन साम्राज्य में अपनी प्रभुत्ता रखते हुए

सोल को सूर्य के एक मानवीकरण के प्रतीक के रूप में जाना जाता रहा है, प्राचीन रोमन धर्म जो कि बहुदेवतओं को मानने वाला एक मूर्तिपूजक धर्म था | यूनान धर्म में जो यूनान के प्रारूप जो देवता थे वही रोमनस में भी थे , रोमन देवता यूनानी देवतओ के पहरोकार थे , लेकिन रोमन साम्राज्य में सोल को एक अलग ही स्थान प्राप्त था जैसे किसी देवता को नही था, सोल की महत्वपूर्णता का अदांजा उनके राजाओं में सोल के प्रति उनकी आस्था से लगाया जा सकता था |

"रोमन लेखों के अनुसार रोम की स्थापना के बाद टाइटस द्वारा सोल की पूजा सर्वप्रथम शुरू हुई ।"

सोल कई बार मित्रास के चित्रण में दिखाई देते है। चित्रण में उन्हें बैल की बलि देते हुए तथा सोल को उनके कर्धें पर स्थित होते हुए दिखाया जाता है | मित्र से जुड़े पंथ में "टॉरक्टोनी" नामक एक पंथ जो प्राचीन रोम में अस्त्िव में था , जो कि सूर्य की विशेष आराधना तथा बलि के प्रयोजनों को अजांम देता था । कई चित्रण में मित्रास और सोल एक साथ

दर्शाय गए है। जिसमें मित्रास सोल के रथ के पीछे होते थे , तथा कहीं उन्हे मित्रास के सामने हाथ को जोड़े हुए दर्शाया जाता है ।

मित्रास को अलग देवता नहीं बल्कि सोल का ही एक रूप माना जाता था, सोल एक अलग देवता तो थे लेकिन मित्रास को सोल के साथ ही जोड़कर देखा जाता था, जहां वह एक दूसरे के विरोधाभासी देवता नहीं बल्कि एक ही थे , लेकिन वें एक दूसरे से अलग भी थे, भिन्न देवता होने के बाद उनमे समानताएं थी इसी कारण उनमें सबंध बनाया जा सकता था। जो कि एक दूसरे का नेतृत्व करते है।

रोमन धर्म में दो अलग सूर्य देवताओं का नाम आता है। मूल सिद्वान्त में सोल एक प्रमुख देवता थे। शताब्दीयो बाद सोल , सोल इंडजेस के नाम से विख्यात होते है तथा रोमन धर्म की मूल आत्मा बन जाते है, इनकें सम्मान में देवलायों का निर्माण कराया जाता है, तथा हर वर्ष 9 अगस्त को उनके लिए विशेष अनुष्ठान पर्व आयोजित किया जाता है। तथा इस पर्व में उनको बलिदान दिया जाता है। जिसमे जानवरों की बलि दी जाती थी , प्रमुख उनमें बैल की बलि को प्रथमिकता दी जाती थी। हालाँकि यह पथं स्थानीय था जो कि रोम तक ही सीमित रह गया था।

"रोमन कवियां के लेखन में उन्होने ने सोल इंडजेस तथा यूनानी सूर्यदेवता हीलियोस को एक समान बताया है।"

सोल इंडजेस रोम के प्राचीन कृषि के बारह देवतओं में एक माने जाते थे, उन्हे ही फसल के लिए जिम्मेदार माना जाता था क्योंकि वह कृषि के देवता भी माने जाते थे। रोम के लोग प्राकृतिक समय को बनाये रखने के लिए सोल इंडजेस तथा लूना जो कि सूर्य और चद्रमां का प्रतिनिधत्व करती है , वे उन्हें एक साथ पूजते थे। रोमन साम्राज्य के मुख्य बारह देवता- जूपिटर , पृथ्वी , सोल, लूना , सेरेस, लिबर ,रोजिगस , फलोरा , मीनरवा , सेटरन , लिम्फा तथा बानॅ इवेंटस थें, जो कि यूनानी देवताओं के समकक्ष थें , तथा उनके ही प्रतिरूप में थे।

> *"तथा एक देवालय जो रोम के सर्कस मैक्सिमस में स्थित*
> *था, जो कि चद्रमां की देवी लूना को समर्पित था।"*

12

सोल इनविक्टिस और रोमन दतं कथाएं

सोल इनविक्टिस एक लैटिन शब्द था जो कि सोल इंडजेस के नाम पर उद्भव हुआ जिसका अर्थ था अजेय सूर्य या अपराजित सूर्य , यह कई रोमन देवताओं के लिए उपयोग किया जाने वाला एक विशेषण नाम था , जिसका उपयोग जूपिटर , मार्स , हरक्यूलिस , अपोलो और सिल्वेनस के लिए किया जाता था।

परंपरिक तौर पर सोल इंडजेस तथा सोल इनविक्टिस को दो भिन्न देवताओं के रूप में माना जाता रहा लेकिन यह दोनों देवता एक ही देवता का प्रतिनिधित्व करते है। जिससे शताब्दीओं के दौरान उनके नामों में परिवर्तन आ गया। लेकिन यह देवता सूर्य की ओर इगिंत होते हुए दिखायी देते है।

पांरपरिक दृष्टिकोण में सोल इनविक्टिस रोम के दो अलग सूर्य देवताओं में से दूसरा था। इनमें से पहला, सोल या सोल इंडजेस प्रारंभिक देवता माना जाता था जिसका महत्व कम हो गया था, जिसका पंथ पहली शताब्दी तक समाप्त हो चूका था, दूसरी ओर सोल इनविक्टिस एक सीरिआई देवता था जो कि सूर्य का प्रतीकात्मक देवता बन गया तथा उसके पथं को मानने वाले एलागाबालस ने रोम में सर्वप्रथम उसका प्रचार किया ।

13

सोल इनविक्टिस शुरूआती प्रारूप (ऐतिहासिक)

सोल इनविक्टिस, सोल, सोल इंडजेस यह तीनो देवताओं को लेकर वाद-विवाद चलाता आ रहा है। यह देवता कभी एक सम्मान होते तो कभी इन्हें अलग देवता के रूप में देखा जाता।

रोमन मिथक के प्रमुख स्त्रोत्र जिनसे रोमन मिथक के साक्ष्य मिलते है। उनमें से वर्जिल नामक कवि द्वारा लिखित कविता " एनीड " जिसें 29 ई0 पूर्व से लेकर 19 ई0स पूर्व के मध्य लिखा गया। तथा रोमन इतिहासकार लेवी द्वारा लिखित पुस्तके तथा ओविड जो कि एक रोमन कवि थे। जो कि आगस्टस के शासनकाल में थे। उनके द्वारा रचित "फास्टी" , जो कि रोमन धर्मिक कैलेडर क्षरा संरचित छह-पुस्तको की कविता थी, तथा प्रापरटिस जो कि एक रोमन कवि थें उनकी रचित पुस्तको से मिलता है।

रोमन स्त्रोतो के अनुसार सोल की पूजा सर्वप्रथम टाइटस टाटियस के रोम की स्थापना के काल में शुरू हुई। टाइटस द्वारा सोल को रोम के सर्वोच देवता का स्थान दिया गया, तथा उन्हें एक मुख्य देवता के रूप में

पूजने की शुरूआत की । उन्हें लैटिनस के पितामह के रूप में जाना जाता है ।

मान्यतओ के अनुसार लैटिनस को सोल की पुत्री सर्से का पुत्र माना जाता है।

लेकिन रोम में सोल की आस्था कम होने लगी थी तथा सोल इंडजेस का महत्व धीरे-धीरे रोमन साम्राज्य में घटता रहा , जो कि शुरूआती काल के दौरान पूरी तरह गायब हो गया था।

तथा रोमन साम्राज्य के अतं में यह पथं पुनः जागृति हुआ तथा सोल इंडजेस एक नये देवता के रूप में पुनः स्थापित हुए ।

सोल इविक्टिस काल की शुरूआत तब हुई ।

" मार्कस ऑरेलियस एंटोनिनस " ने 218 ई0सी में शासन संभाला । जिसका जन्म सीरिया के एमेसा में हुआ था , उसे एलगाबाल नामक सीरिआई सूर्य देवता का मुख्य पुजारी माना जाता है , उस समय सीरिया रोम का ही भाग हुआ करता था |

हिस्टोरिया ऑगस्टा के अनुसार " मार्कस ऑरेलियस एंटोनिनस " एक किशोर वारिस था उसने अपने देवता का नाम अपनाया तथा उसे एलगाबालस नाम से जाना जाने लगा था, वह सीरिया से अपने पथं को रोम की ओर ले गया । सम्राट बनने बाद, वह रोम के पारंपरिक राज्य देवतओं की उपेक्षा करने लगा तथा अपने देवता जिसे वह एमेसा में पूजा करता था , उसे रोम पर थोपना चाहा , वह उसे रोम के सबसे शक्शिाली देवता के रूप में बढ़ावा देने लगा , वह एलगाबाल को जूपिटर तथा सोल के साथ समान देखने लगा था, जबकि सोल रोमन पथं में प्रारंभिक गणराज्य के समय से ही अस्तित्व में थे।

3 शताब्दी ई0सी की शुरूआत में रोमन साम्रट एलगाबालस ने अपने सरक्षंक देवता एलगाबाल को रोमन सूर्य देवता सोल के रूप में पेश करने लिए बहुत प्रयास किया। उनके रोमन देवताओं के प्रति उपेक्षा के भाव तथा उनकी विचारधारा के कारण विद्रोह की स्थिति उत्पन्न हो गई (तथा उनकी विचारधारा के कारण रोमन सीनेट के लोग उन्हें नापसंद करते लगे) इन्ही कारणों के कारण 222 ई0सवी में उनका शासनाकाल भी छोटा हो गया। तथा विपक्ष के बढ़ते विरोध के बीच समस्याए बढ़

गयी जब उनके अंगरक्षक (प्रेटोरियन गार्ड) द्वारा उनकी हत्या कर दी गई ।

"तथा मार्च 222 ई0सवी को उनके शासन को उनके चचेरे भाई '' सेवरस अलेक्जेंडर '' द्वारा प्रस्थिपित कर दिया गया ।"

....

इतिहास में सोल पंथ की शुरूआत पुनः प्रारभं होने लगी जब रोमन सम्राट औरेलियन ने पूर्व में अपनी विजय के बाद सोल के पथं के व्यापक सुधार के लिए अनेकों प्रयास किए । उनका शासनकाल 270-275 ई0सवी मे माना जाता है। औरलियन को रोम में सोल इनविक्टिस के पंथ को आधिकारिक धर्म के रूप में मान्यता देने वाले शासक के रूप में व्यापक श्रेय दिया जाता है। इसके साथ ही पुनः सोल इन्विक्टस रोमन देवतओं में सबसे प्रमुख देवताओं में से एक बन गये , औरोलियन के सोल को पुनः स्थापित करने के कारण सोल के पुजारी जो रोम के समाज मे एक निचले दर्जे पर थे। (तथा अन्य देवताओं के पुजारीयों का वर्जस्व था उसका भी अन्त हुआ), इस कारण वह अभिजात वर्ग में आने लगे तथा उनकी स्थिति में सुधार हुआ। औरेलियन ने '' कालेज आर्फ पोंटिफिस '' की स्थापना की जिसमें सोल के पुजारी उसके सदस्य थे। औरेलियन ने सोल के लिए एक नया देवालय बनवाया जिसे दिनाकं 25 दिसम्बर 274 ई0सवी को सोल को समर्पित किया गया। रोम मे सोल के देवालयों में वृदि्ध हुई । उनकी संख्या अब चार हो चुकी थी ।

औरेलियन के काल को सोल का स्वर्णकाल भी कहा जाता है। जंहा सोल की लोकप्रियता व आस्था पुनः रोमन समाज में स्थापित हो गई तथा वह अन्य रोमन देवता से अधिक महत्वपूर्ण देवता बन गये, औरेलियन ने सोल के सम्मान में 274 ई0सवी में खेलों प्रतियोगितओं का आरम्भ किया जो कि हर चार साल मे आयोजित की जाती थी। औरेलियन द्वारा माने जाने वाले सोल इन्विटस की पहचान लबें समय तक बहस का एक विषय रही ।

औरेलियन ने एक वार्षिक उत्सव '' डाईस नतालिस सोलिस इन्विक्टी '' की स्थापना की जिसका अर्थ था (अजेय सूर्य का जन्मदिन)। जिसे प्रतिवर्ष सोल के जन्मदिन के रूप में 25 दिसम्बर को

मनाया जाने लगा , जिसे रोम के लोग 21 दिसम्बर को सोल के उद्भव के दिन के रूप में मनाते थे, रोम के लोगो की मान्यता थी की सोल की मुत्यु इसी दिन हुई थी , तथा वे तीन दोनों के बाद पुर्नजीवित हो गये थे । यह उत्सव 354 ई0सवी के फिलोकेलियन कैलेंडर के आधार पर मनाया जाता था,

उस समय के शुरूआती ईसाइयों का मानना था कि ईसा मसीह का जन्म फिलोकेलियन कैलेंडर के अनुसार जनवरी के कैलेंडर से आठ दिन पहले हुआ था , जिसकी तिथि 25 दिसम्बर की ओर इंगित करती थी।

"25 दिसम्बर को ईसा तथा सोल के जन्मदिन के रूप में जाना जाता था , जबकि यह मूर्तिपूजकों का एक उत्सव था।"

औरेलियन के शासनकाल के समाप्त होने के बाद कॉस्टेंटाइन के शासन काल का आरम्भ होता है। जिसका शासनकाल 25 जुलाई 306 ईसवी से मई 337 तक चला। उन्हे कॉस्टेंटाइन "द ग्रेट" के नाम भी जाना जाता है। उन्होने ने ही कॉस्टेंटिनोपल राज्य की स्थापना की तथा उसे रोमन साम्राज्य की राजधानी बनाया। जो हजार वर्षों से अधिक समय तक बना रहा है। कॉस्टेंटाइन को ईसाई धर्म अपनाने वाला पहला रोमन सम्राट माना जाता है। उन्होनें ही ईसाई धर्म की स्थिति को बढ़ाने , ईसाई प्रथाओं को अपराधमुक्त करने और ईसाई उत्पीड़न को रोकने में महत्वपूर्ण भूमिका निभाई । यह रोमन साम्राज्य के ईसाईकरण में महत्वपूर्ण था, लेकिन वह सोल में आस्थावन भी थे , ईसाई धर्म को अपनाने से पूर्व कॉस्टेंटाइन उसके पहले के रोमन शासको की तरह ही मूर्तिपूजक थे जो कि सोल व अन्य रोमन देवी-देवताओं के धर्म को मानता थे , सम्राट ने अपने आधिकारिक सिक्कों पर सोल इनविक्टिस को दर्शाया , जिसमें कई तरह की किवंदंतियाँ शमिल थी, जिनमें से केवल कुछ में ही इनविक्टिस की उपाधि शमिल थी, जैसे कि किंवदंती सोली इनविक्टी कॉमिटी जिसमें '' अजेय सूर्य '' को सम्राट का साथी बताया गया , जिसका उपयोग कॉस्टेंटाइन द्वारा विशेष रूप से किया गया था , इनमे सोल इनविक्टिस की मूर्तियाँ भी सम्मलित थी , जिन्हें ध्वाजवाहकों द्वारा ले जाया जाता था। कॉस्टेंटाइन के मेहराब पर तीन स्थानों पर सोल की नक्काशी बनी होती थी। कॉस्टेंटाइन के

आधिकारिक सिक्कों पर पीछे के भाग में सोल की छविं तथा पृष्ठ भाग में सम्राट के सोल की तरह मुकुट पहने हुए की छवि अंकित थी , तथा उनके शासनकाल में एक स्वर्ण पदक में सम्राट की प्रतिमा को सोल इनविक्टिस के साथ जोड़कर दर्शाया गया , साथ ही उसमें '' इनविक्टिस कॉस्टेंटाइन'' अंकित करवाया जिसका अर्थ था अजेय कॉस्टेंटाइन ।

"

कॉस्टेटाइन ने 7 मार्च 321 ईसवी को एक आदेश भी पारित किया जिसमें उन्होने '' डायस सोलिस '' जो कि सूर्य का दिन था । उसे रविवार में परिवर्तित किया तथा उस दिन को वह रोमन विश्राम के दिवस के रूप में मनाया जाने लगा।"

कॉस्टेंटाइन की आत्मकथा का विवरण फिलीस्तान में स्थित कैसरिया के बिशप यूसेबियस द्वारा लिखा गया , उन्हें एक महान इतिहासकार भी माना जाता है। यूसेबियस द्वारा लिखित कॉस्टेंटाइन की जीवनी में वे एक दर्शन के बारे लिखते है। जिसे कॉस्टेंटाइन तथा उनकी सेना ने देखा था, जिसके अनुसार उनके पिता कॉन्स्टेंटियस की मृत्यु के बाद शासन के लिए युद्ध छिड़ गये । जिसमें कॉस्टेंटाइन ने 312 ईसवी में मिल्वियन का युद्ध लड़ा जिसमें विपक्ष में मैक्सेंटियस जो रोम का ही सम्राट था उसके खिलाफ लड़ा गया अपना अधिपत्य स्थापित करने के लिए | उस युद्ध में विजय होना कठिन था , एक दिन जब कॉस्टेंटाइन अपने अधिकारियों और सैनिकों के साथ अपने तबुं के सामने थे , तो उन्हें आकाश में आग का एक विशाल क्रॉस दिखाई दिया। जिसमें क्रॉस के एक तरफ ग्रीक भाषा में कुछ शब्द लिखे थे '' इसे जीतो '' ये शब्द कभी-कभी लैटिन के रूप में ''form In hoc signo vinces " दिए जाते है। जिसका अनुवाद है। '' इस चिन्ह से तुम विजयी होगे '' कॉस्टेंटाइन इस अद्भुत दृश्य को देखकर आश्चर्यचकित हो गये तथा वह ओझल नहीं हो गया, वे तब तक उसे देखते रहे वो समझ नही पाये कि इसका क्या अर्थ है तथा वो बहुत परेशान हो गये । लेकिन उस रात उन्होंने

सपना देखा कि ईसा मसीह चमकदार सफेद वस्त्र पहने हुए उनके सामने प्रकट हुए, उनके हाथों में क्रॉस तथा उन्होंने कॉस्टेंटाइन को विश्वास दिलाया कि यदि वह क्रॉस को अपने ध्वज पर चित्रित करके युद्ध मे जायेंगें तो वह विजय होगें।

इस स्वप्न के बाद कॉस्टेंटाइन ने अपने आप को ईसाई घोषित कर दिया तथा एक ध्वज बनावाया जो क्रॉस के आकार का था और उसके साथ मसीह के नाम के शुरूआती अक्षरों वाला ध्वज भी बनवाया उसको लेबरम के नाम से जाना जाता है। (बाद में यही लेबरम रोमन सम्राटों का प्रतीक बन गया) तथा अंत में वह युद्ध में विजय हुए ।

यह कहानी यूसेबियस द्वारा लिखित कॉस्टेंटाइन की आत्मकथा में वर्णित है। जिसे युद्ध के तीस सालों के बाद लिखा गया , लेकिन यूसेबियस का कथन था कि यह कहानी कॉस्टेंटाइन से सीधा उन तक पहुंची है।

14

निष्कर्ष

यूनानी कहानियां देवताओं तथा मनुष्यों के बीच एक सम्बन्ध दिखाती है। देवता मनुष्यों की तरह व्यवहार करते हुए प्रतीत होते है। यूनानी देवी- देवतओं का वर्णन ईसा के पूर्व सग्रहिंत मिथकों तथा कथाओं मे मिलता है।

यूनानी धर्म एक बहुदेवताओं को मानने वाला धर्म था जो कि मूर्तिपूजक थे , यह सभ्यताएं अपने समय में अत्यधिक उन्नत थी । यूनानीयों के द्वारा प्रदान की गयी कलाएं तथा चित्रण वर्तमान में सग्रहिंत है। यूनानी देवतओं की कहानियों को पूरी तरह मिथक ही माना जाता है। तथा इन्हें कल्पना की श्रेणी में रखा जाता है।

यूनानी धर्म की तरह ही संसार में अनेको धर्म थे व अनेको सभ्यता उस समय अस्तित्व में थी । जिनमें उन्ही समकक्ष देवतओं का उल्लेख मिलता है। प्राचीन लोगो ने प्रकृति को एक महत्वपूर्ण स्थान दिया। तथा आरंभ में इन्हें ही पूजने लगे, जैसे-जैसे मनुष्य के मस्तिष्क का विकास हुआ वह अपने अनुसार देवताओं को गढ़ने लगा तथा अन्य सभ्यतओं के व्यापार के अदान-प्रदान के कारण देवताओं की कहानियां एक दूसरे में मिश्रित होने लगी। तथा प्राचीन लोगों में संस्कृति रीति-रिवाजो का आदन-प्रदान भी होने लगा।

रोम के ईसाईकरण होने के बाद तमाम देवतओं की पूजा लुप्त हो गयी तथा उन्हें समय के साथ भूला दिया गया । युद्धों के कारण

प्राचीन धरोहर तथा साक्ष्य नष्ट हुए इस कारण उनके विषय में सम्पूर्ण जानकरियां उपलब्ध नही है।

कॉस्टेंटाइन के विषय मे कई चर्चाए अभी भी विख्यात है। कि उन्होनें कैसा दृश्य देखा था , युद्ध में विजय के बाद कॉस्टेंटाइन ने लैटीन भाषा के उस वाक्य को अपनी ढाल पर लिखा तथा उसकी विजय का श्रेय सर्वप्रथम सोल इनविक्टिस को दिया , 310 ई0सी में कॉस्टेंटाइन को दर्शन प्राप्त हुआ था तथा उस समय के भाषाण में लिखा गया कि कॉस्टेंटाइन के दृश्य में उन्हें आपोला व सोल इनविक्टस के दर्शन के दृश्य दिखाई दिये। इसके विषय में दो ईसायत तर्क प्रकाशित किए गए। पहला लैक्टानटीयस ने 315 ई0वी में युद्ध के तीन वर्षो बाद अपना तर्क दिया कि मिलवियन के युद्ध में उन्हें स्वप्पन में ईसा मसीह के दर्शन प्राप्त हुए जिसके बाद उन्होने अपनी सेनाओं के सिपाहियों के ढालों पर "' chi-ro " जो कि मसीह के नाम के दो अक्षर थे तथा एक प्रतीक क्रॉस की तरह था (जो कि बाद में कॉस्टेंटाइन द्वारा उपयोग में लाया जाता रहा।) उनके शासनकाल में बने सिक्को में यह लेख व प्रतीक इगिंत होते थे । दूसरा ईसाई तर्क यूसेबियस ने कॉस्टेंटाइन के विषय में उनकी आत्मकथा में दिया था।

"

प्रारंभिक चर्च के उद्भव के समय ईसा मसीह को सोल
के साथ जोड़ा गया तथा उन्हें सोल वेरस (सच्चा सूर्य)
कहा गया तथा पैगंबर मलाकी द्वारा कि गयी भविष्यवाणी
में उन्हें सोल जस्टिटिया (धर्मिकता के सूर्य) के रूप में
सदर्भित किया , जो कि इस प्रकार था

" जो लोग मेरे नाम का भय मानते है उन पर धार्मिकता का
सूर्य उदय होगा, और उसके पखों से चंगाई निकलेगी "
मलाकी अध्याय 4:2
-पवित्र बाइबिल (पुराना अहोदनामा)"

"चौथी शताब्दी के अन्त में लिखे गये ईसाई ग्रन्थ ' डी सोल्सटिटिस एट एक्विनोक्टिस " ईसा मसीह के जन्म को सूर्य देवता के जन्मदिन तथा सोल इन्विक्टस के साथ जोड़ता है। जिसमें एक पक्तिं के वर्णन में ईसा तथा सोल का वर्णन किया गया है। यह पक्तियां कुछ इस प्रकार है।

" हमारे प्रभु का जन्म भी दिसंबर के महीने में हुआ है, जनवरी के कैलेंडर से पहले आठ दिन , लेकिन वे (मूर्तिपूजक) इसे अजेय व्यक्ति का जन्मदिन (सोल इनविक्टस)कहते है। लेकिन फिर हमारे प्रभु के समान अजेय कौन है? जिसने अपनी मृत्यु को पराजित किया? या अगर वे कहते हैं कि यह सूर्य का जन्मदिन है, तो वह (ईसा मसीह)स्वंय न्याय का सूर्य है ""

"चौथी शताब्दी के अन्त में सतं ऑगस्टीन ने अपने क्रिसमस के उपलक्ष्य में दिए उपदेश में सोल के पूजने वालों को इंगत किया और कहा।

" आइए हम इस दिन को पूरी गभीरतां के साथ मनाएँ, उन लोगों की तरह नहीं जिनका विश्वास सूर्य में ही बल्कि जिसने सूर्य को बनाया उसमें नहीं वह जिसका साकार रूप उस सूर्य के ऊपर खड़ा है जिसे एक देवता के रूप में पूजा जाता है।""

"बरहवी शताब्दी के सीरायन बीशप द्वारा सोल इनविक्टिस के विषय में ईसाइयों के लिए लिखा गया।

" 25 दिसबंर को सूर्य का जन्मदिन मनाना मूर्तिपूजकों की परंपरा थी , जिस दिन वे उत्सव के प्रतीक रूप में द्वीप जलाते थे । इन उत्सवों में ईसाई भी हिस्सा लेते थे ।

तदनुसार जब चर्च के बिशप ने देखा कि ईसाइयों का इस त्योहार के प्रति झुकाव है, तो उन्होने सलाह ली और तय किया कि उसी दिन वास्तविक जन्मोत्सव जो कि ईसा के उपलक्ष्य में था वही मनाया जाना चाहिए। ''